「折ってみたい！」が必ず見つかる

季節のおりがみいっぱい

ひらがな折り図ダウンロード

朝日 勇・津留見裕子／著

この本は、「ピコロ」「はじめておりがみ」「はじめておりがみ 増補改訂版」
「いっしょにおりがみ」「いっしょにおりがみ 増補改訂版」に掲載された記事を基に、
加筆・再構成したものです。

マークの見方 ★やさしい ★★ふつう ★★★ちゃれんじ

- やさしい→おりがみを はじめたばかりでも だいじょうぶ
- ふつう→なれて きたら すぐに おれる おりがみ
- ちゃれんじ→すこし むずかしい おりがみ

おりかたの きごうと やくそく／
折り図をダウンロードして活用しましょう ……… 4

P.5 春のおりがみ

- ★ ちょう ……… 6
- ★ いちご・1 ……… 7
- ★★ いちご・2 ……… 8
- ★ チューリップ ……… 10
- ★★ ひよこ ……… 11
- ★★★ さくら ……… 12
- ★★ よつばの クローバー ……… 14
- ★★ てんとうむし ……… 16
- ★★ めだか ……… 17
- ★★ たんぽぽ・1 ……… 18
- ★★ たんぽぽ・2 ……… 19
- ★ おひなさま・1 ……… 20
- ★★★ おひなさま・2 ……… 21
- ★ こいのぼり ……… 22

P.23 夏のおりがみ

- ★ さくらんぼ ……… 24
- ★★ ばった ……… 25
- ★★ あじさい ……… 26
- ★★★ かたつむり ……… 27
- ★★★ あまつぶちゃん ……… 28
- ★★ あさがお・1 ……… 29
- ★★ あさがお・2 ……… 30
- ★ すいか ……… 31
- ★★★ ひまわり ……… 32
- ★ せみ ……… 34
- ★★ くわがたむし ……… 35
- ★★ らっこ ……… 36
- ★★ ヨット ……… 37
- ★ さかな・1 ……… 38
- ★★ さかな・2 ……… 39
- ★★ かに ……… 40
- ★ きんぎょ ……… 41
- ★★★ ざりがに ……… 42
- ★★ くじら ……… 43
- ★★★ おりひめ・ひこぼし ……… 44

P.45　秋のおりがみ

- コスモス …… 46
- ぶどう …… 47
- とんぼ …… 48
- りんご …… 50
- どんぐり …… 51
- かき …… 52
- くり …… 53
- りす …… 54
- たぬき …… 55
- きつね …… 56
- きのこ …… 58
- いちょう …… 59
- もみじ …… 60
- にんじゃ …… 62
- みのむし …… 64

P.65　冬のおりがみ

- しろくま …… 66
- ペンギン・1 …… 67
- ペンギン・2 …… 68
- みかん …… 70
- つばき …… 72
- うめ …… 73
- サンタクロース …… 74
- ツリー …… 75
- となかい …… 76
- てぶくろ …… 77
- ひつじ …… 78
- ゆきだるま・1 …… 80
- ゆきだるま・2 …… 81
- おに …… 82

P.83　乗り物のおりがみ

- じどうしゃ …… 84
- バス …… 85
- ワンボックスカー …… 86
- パトロールカー …… 87
- ブルドーザー …… 88
- トラック・きゅうきゅうしゃ・コンクリートミキサーしゃ …… 90
- でんしゃ …… 92
- しんかんせん …… 94
- ロケット …… 95

おりかたの きごうと やくそく

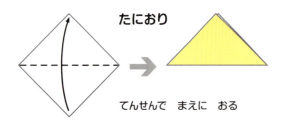

たにおり
てんせんで まえに おる

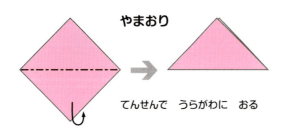

やまおり
てんせんで うらがわに おる

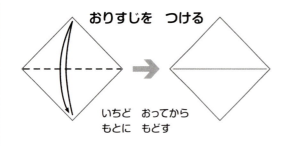

おりすじを つける
いちど おってから もとに もどす

おなじ ながさ

ふくろを ひらいて おる
しろい やじるしの ぶぶんに ゆびを いれ、ひらいて おる

きる

うらがえす　むきを かえる　ずを おおきく する

※「ずを おおきく する」は、わかりやすく する ために おりずを おおきく して います。

↑使いやすい大きさにコピーして、掲示したり、子どもたちに配ったりして活用してください。

折り図をダウンロードして活用しましょう

折り図は、子どもにもわかりやすいように、ひらがなで表記しています。プリントして、季節に合わせておりがみコーナーに掲示したり、折りたいものの折り図を渡したりして活用してください。

折り図はこちらからダウンロードできます！
https://www.hoikucan.jp/book/kisetsu_origami/

← 二次元コードからも！

【ダウンロードコンテンツの使用の許諾と禁止事項】
○弊社はサイトからダウンロードしたデータのすべての著作権を管理しています。
○弊社はサイトからダウンロードしたデータの使用により発生した直接的、間接的または波及効果による、いかなる損害や事態に対しても、一切の責任を負わないものとします。
○サイトからダウンロードしたデータは、この本をご購入された個人または法人・団体が、その私的利用範囲内で使用することができます。
○営利を目的とした利用や、不特定多数の方に向けた配布物や広報誌、業者に発注して作る大量部数の印刷物には使用できません。
○使用権者であっても、データの複製・転載・貸与・譲渡・販売・頒布（インターネットを通じた提供も含む）することを禁止します。また、データを変形・加工して利用することも同様に禁止とします。

ちょう

2かい おるだけで できる おりがみ。
もようを つけて あそべます。

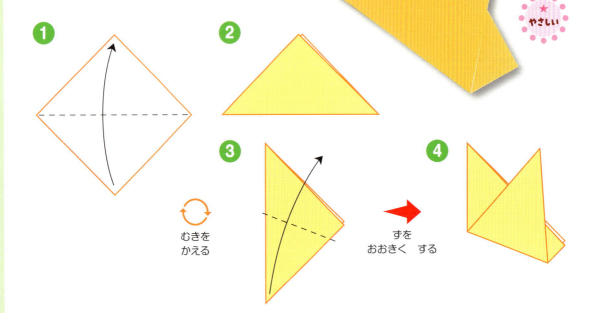

① ② ③ むきを かえる ④ ずを おおきく する

模様をつけてあそぼう

指はんこを押して、模様をつけてみましょう。

色紙をちぎってはりました。広告紙や包装紙などをはっても。

いちご・1

おるのは たったの 4かい。
へたに いろを ぬり、
"つぶつぶ"を かいて できあがりです。

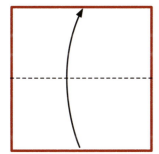

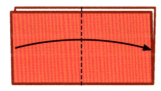

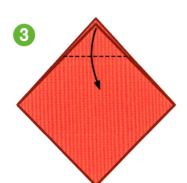

うえの かみだけ おる

のこりを うらがわに おる

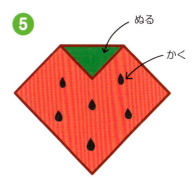

いちご・2

へたに いろを ぬり、
たねの "つぶつぶ" を かくと
いちごらしく なります。

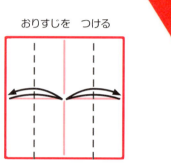

① おりすじを つける

② おりすじを つける

③

④

⑤ うらがえす

⑥ むきを かえる

⑦ ぬる / かく

8

おりがみでクラスのお友達掲示

おりがみのいちごに自画像をはり、
新しいクラスのお友達を飾りました。
誕生日を書いてもいいですね。

あかや しろ、きいろなど
いろいろな いろの かみで
つくって みましょう。

① おりすじを つける

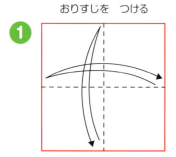

②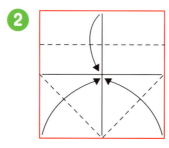

③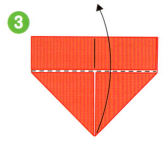

④

→ ずを おおきく する

⑤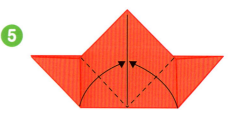

⑥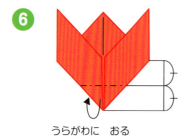

うらがわに おる

⑦

ひよこ

おもてと うらが おなじ かたちに できあがる おりがみ。
おった あと たてて あそべます。

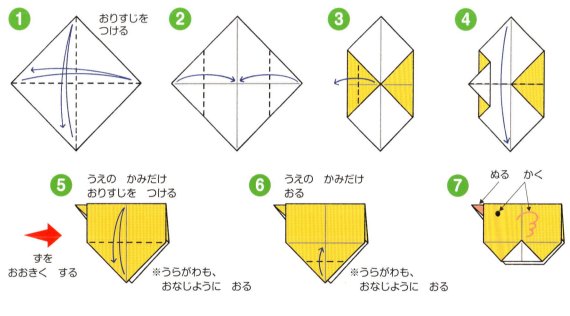

ひよこちゃんレースであそぼう

ひよこを並べて「よーいどん！」。
お尻をつついて前に進ませます。

さくら

おなじ ものを 5まい おり、
はりあわせて つくります。
うすい ピンクいろを まぜて
つくっても すてきです。

①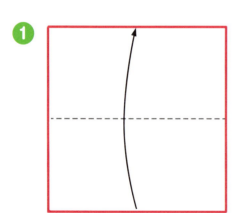

② おりすじを つける
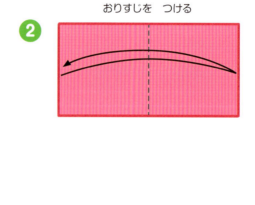

③

④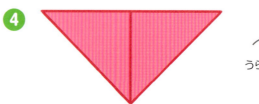
うらがえす

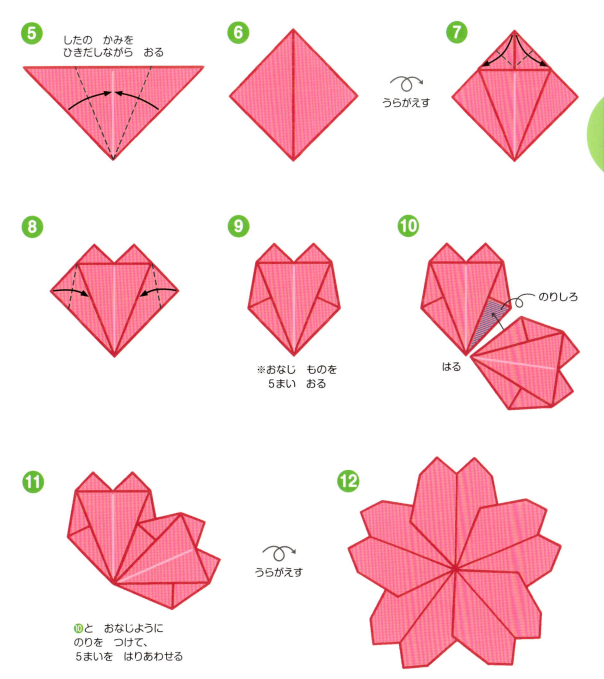

よつばの クローバー

4まいの はを はりあわせて つくります。
うらを セロハンテープで はりましょう。

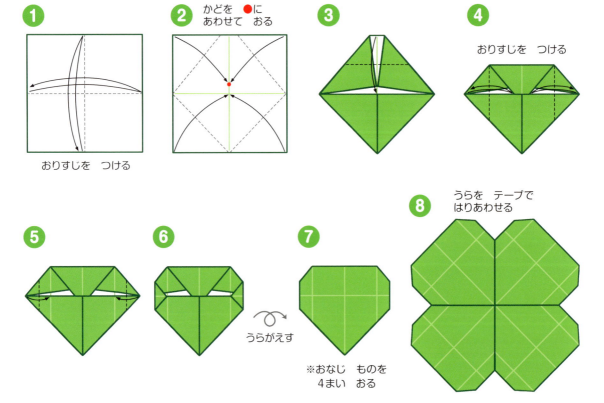

窓に飾ろう

折ったクローバーにクレヨンで模様をかき、色画用紙で茎をつけます。てんとうむしと一緒に窓に飾りました。

てんとうむし

てんとうむしの ほしの かずを しらべて、せなかに かきましょう。

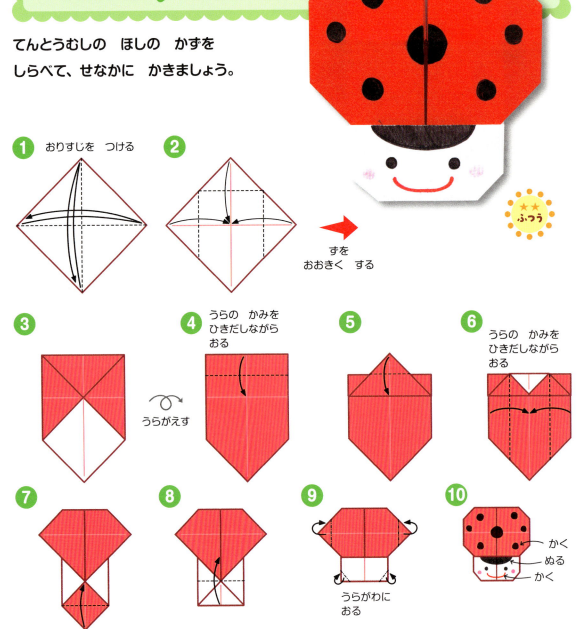

 めだか

おもてと うらが おなじ かたちに
できあがる、めだかです。

 ふつう

はる

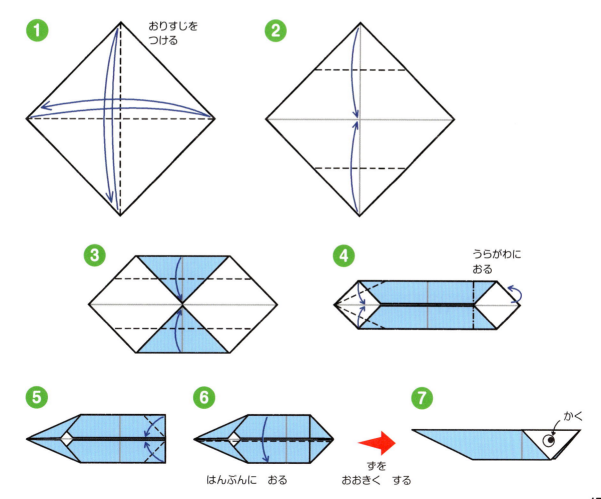

 たんぽぽ・1

はなを きいろに ぬって、
たんぽぽらしく しあげましょう。

①

② おりすじを つける

③ うえの 1まいだけ おる

④

⑤ ずを おおきく する

たんぽぽの冠

葉をピンキングばさみで切り、
少しずつ重ねてはって作ります。

⑥ うらがわに おる

⑦ うらがわに おる

⑧ ぬる

たんぽぽ・2

おなじ ものを 8まい おり、
はりあわせて つくります。

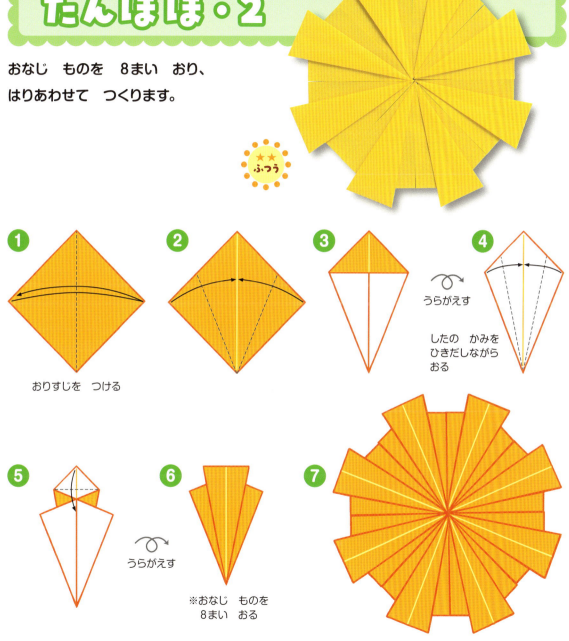

1 おりすじを つける

2

3 うらがえす

4 したの かみを ひきだしながら おる

5 うらがえす

6 ※おなじ ものを 8まい おる

7 ぴったり あわせて うらを テープで とめる

おひなさま・1

ちよがみで おれば はなやかな
おひなさまに なります。

やさしい

めびな

おりすじを つける

1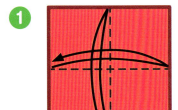

2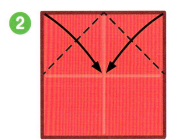

3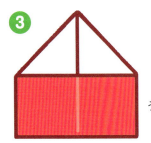

うらがえす

4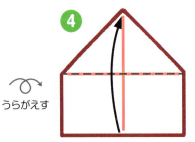

5 うえの かみだけ おる

6 うえの かみだけ おる
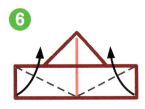

7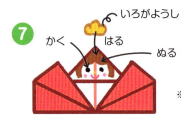
かく　はる　ぬる
いろがようし

※おびなも おなじように おる

おひなさま・2

おりかずが おおく、いろいろな
おりかたも でて くるので、
つくりがいの ある おりがみです。

ちゃれんじ

めびな

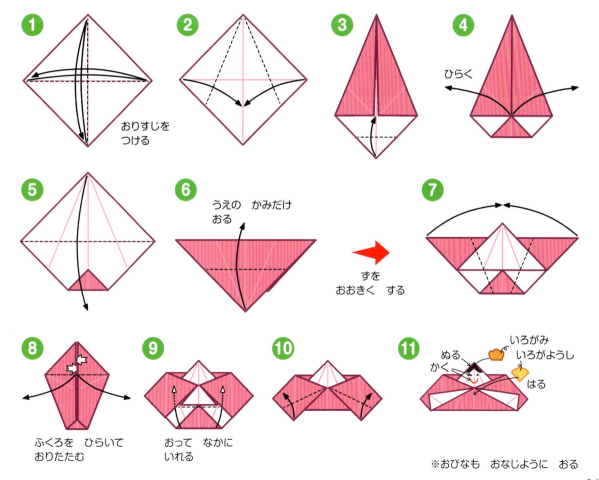

1. おりすじを つける
2.
3.
4. ひらく
5.
6. うえの かみだけ おる → ずを おおきく する
7.
8. ふくろを ひらいて おりたむ
9. おって なかに いれる
10.
11. いろがみ いろがようし ぬる かく はる

※おびなも おなじように おる

こいのぼり

かおや　もようを
じゆうに　かいて、
じぶんだけの　こいのぼりを
つくって　みましょう。

①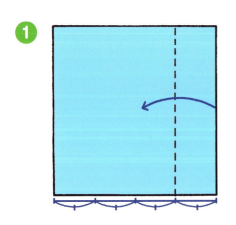

②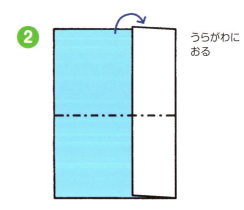
うらがわに
おる

③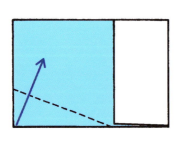
ずを
おおきく　する

④
うらがえす
かく

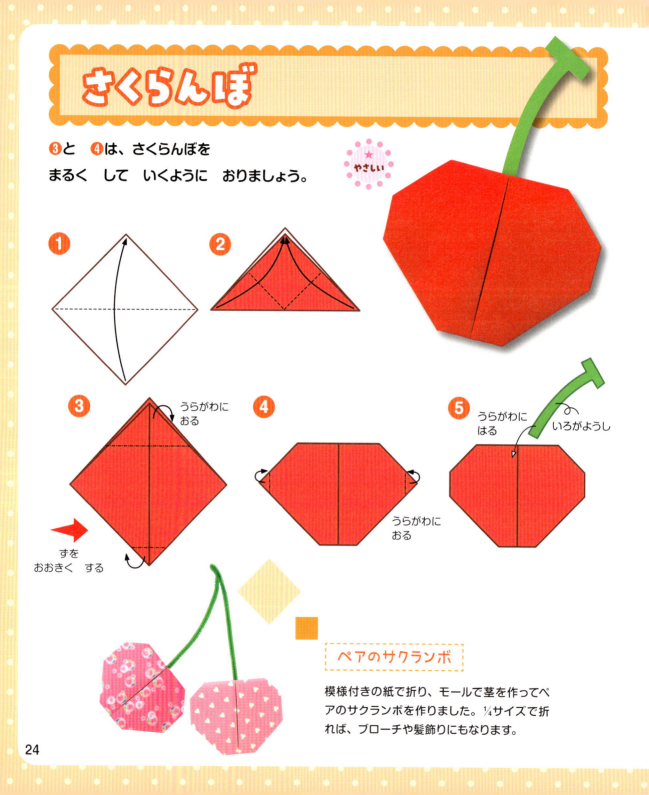

ばった

おもてと うらが
おなじように おれます。

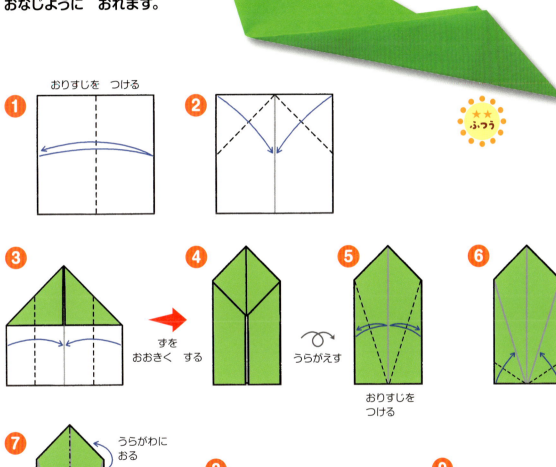

あじさい

たくさん おって、
あじさいを つくって みましょう。

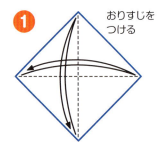
① おりすじを つける

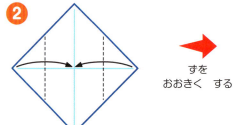
②

ずを おおきく する

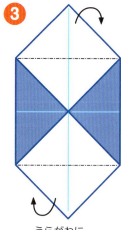
③ うらがわに おる

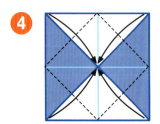
④

⑤ したの かみを ひきだしながら おる

⑥

あじさいの壁面飾り
みんなで折ったあじさいを色画用紙にはって、壁に飾りました。

かたつむり

❷から みぎと ひだりを はんたいに おっていくと、 ぎゃくむきの かたつむりに なります。

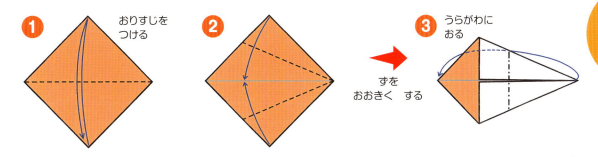

① おりすじを つける
②
③ うらがわに おる

ずを おおきく する

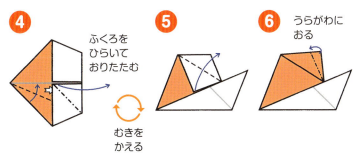

④ ふくろを ひらいて おりたたむ
⑤
⑥ うらがわに おる

むきを かえる

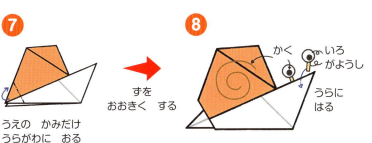

⑦ うえの かみだけ うらがわに おる
⑧ かく / いろがようし / うらに はる

ずを おおきく する

つるして飾って

すずらんテープにはり、窓辺につるしました。

あまつぶちゃん

たくさん おって、
いろいろな かおを した
あまつぶちゃんを つくっても
たのしいですね。

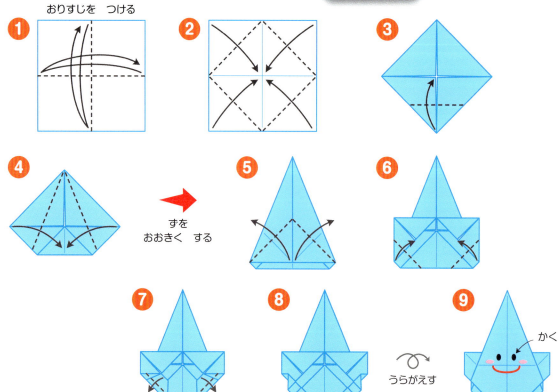

あさがお・1

さいごに うらがえすと
あさがおの かたちに なります。
いろを ぬって しあげましょう。

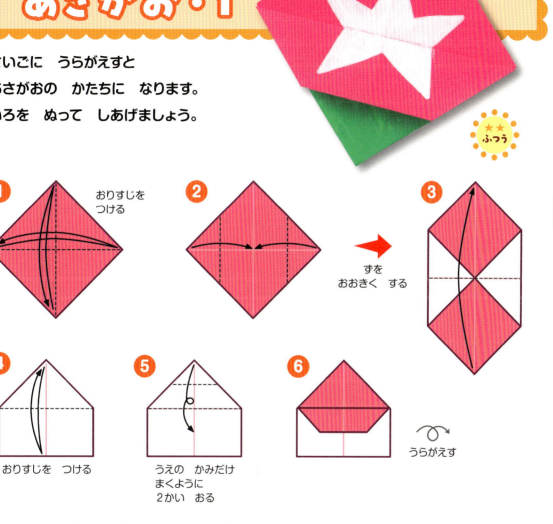

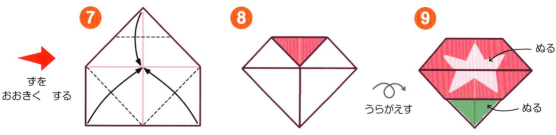

あさがお・2

はなびらに いろが でるように、
いろの めんを おもてに して おりはじめます。

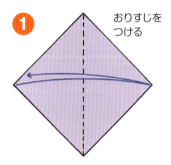

① おりすじを つける

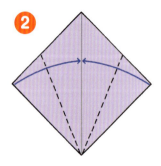

②

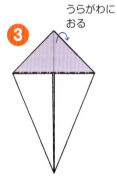

③ うらがわに おる

④ おりすじを つける

⑤ おりすじを つける

⑥ まくように 2かい おる

⑦ うらがわに おる

⑧ ぬる／ぬる

ふつう

リースにして

紙皿の中央を切り抜き、折ったあさがおと色画用紙の葉をはります。風鈴を下げて、涼しげな夏の飾りの出来上がり。

すいか

おおきな はんげつの かたちの すいか。みに いろを ぬり、たねを かいて できあがりです。

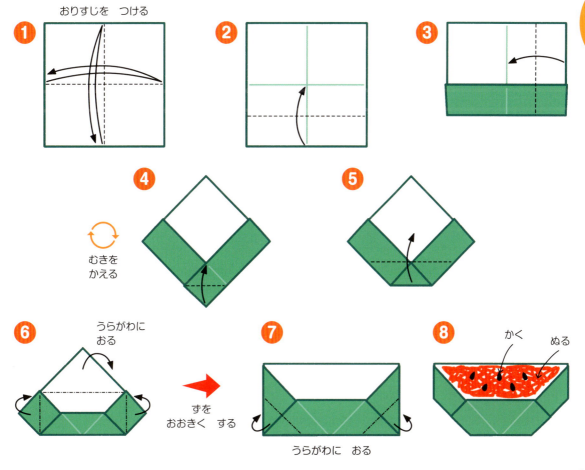

ひまわり

はなびらを おなじ おおきさの いろがみで 4まい おり、べつに おった まんなかの ところに さしこんで しあげます。

まんなかの ところ

① おりすじを つける

② おりすじを つける

③

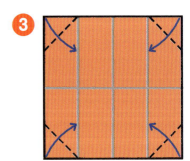

④

⑤ うらがえす

⑥

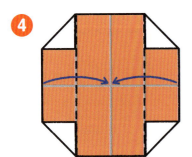
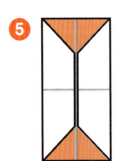
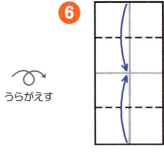

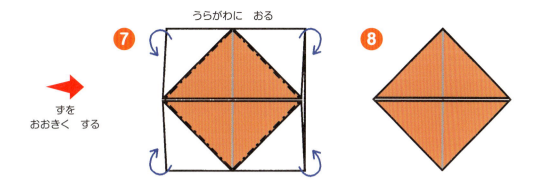

はなびら ※「まんなかの ところ」の はんぶんの はんぶんの おおきさの かみで おる

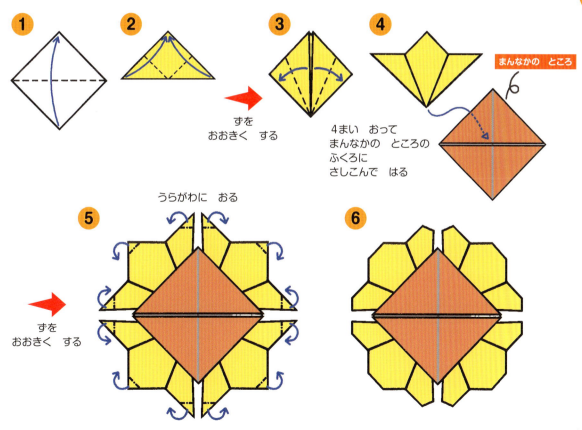

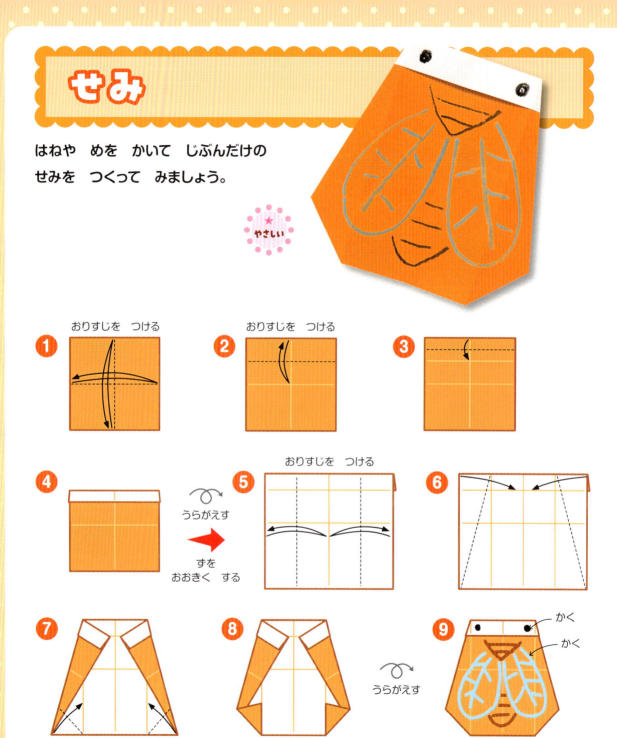

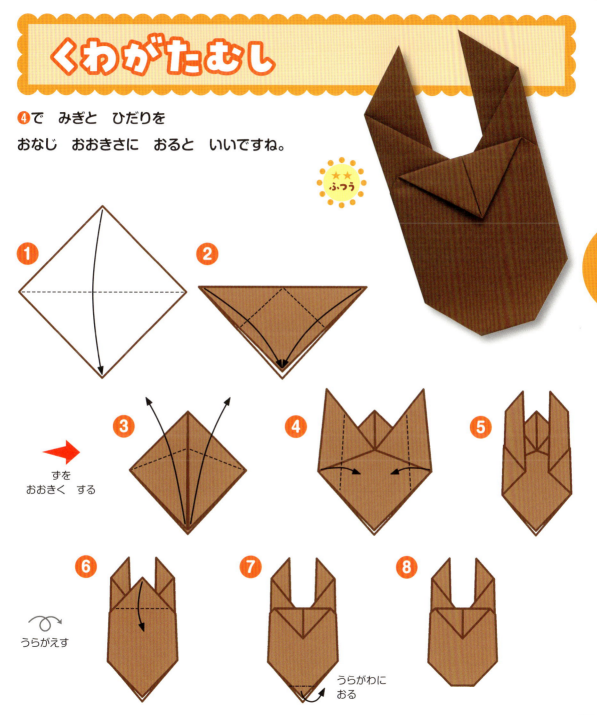

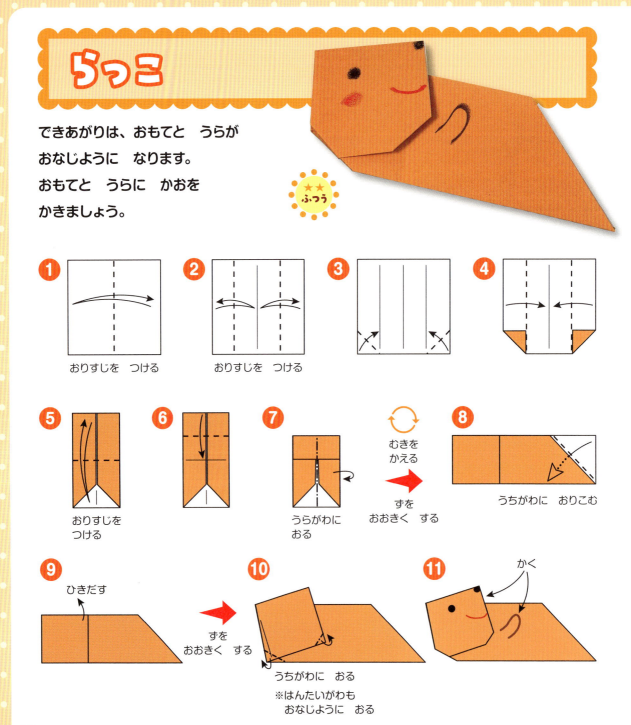

ヨット

おれたら ほに もようや えを
かいても たのしいですね。

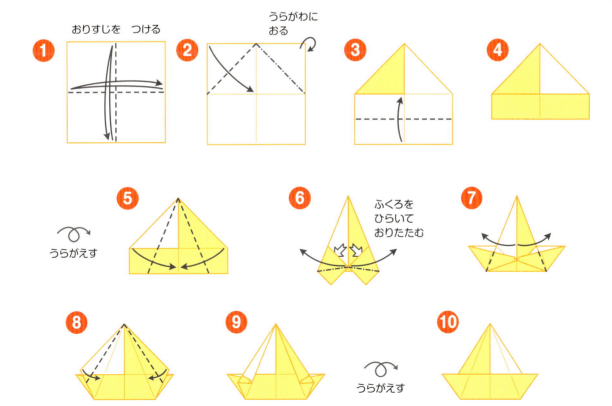

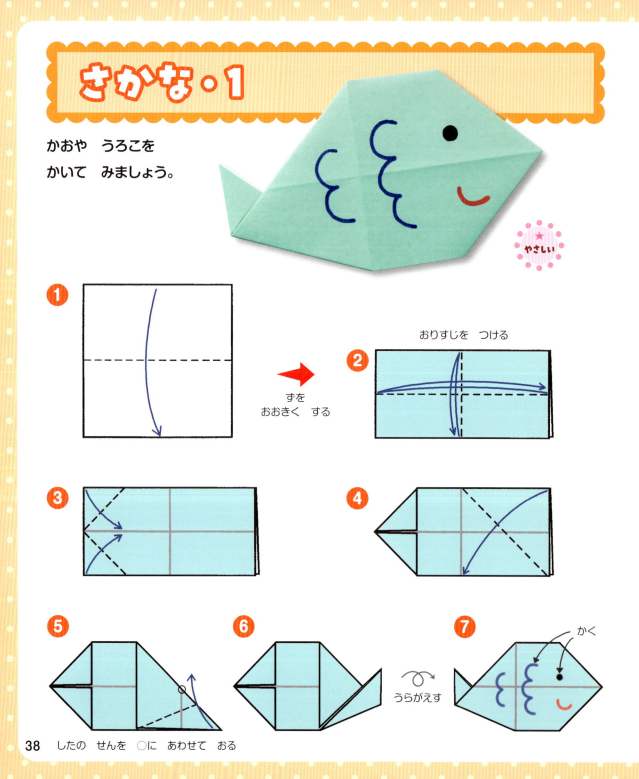

さかな・2

こい いろの かみで おった ときは、
もようを うすい いろで かくと
よく みえます。

1 おりすじを つける

2

3 おりすじを つける

4 ○と ○を あわせて おる

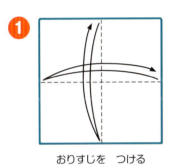
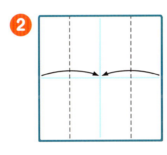
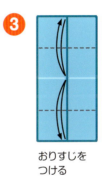
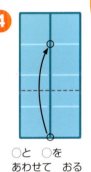

5 うえの かみだけ おる

6 おりすじを つける

7

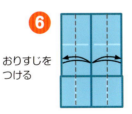

8 したの かみの すきまを ひらいて おりたたむ

9

うらがえす
むきを かえる

10 かく かく

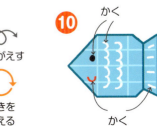

かに

はさみと からだを がったいさせます。
めは モールに まるシールを
つけて つくります。

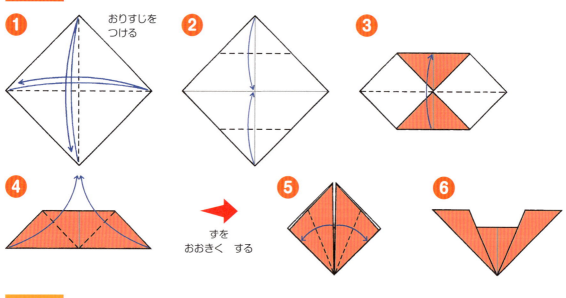

はさみ

からだ
※はさみの ❸から つづけて おる

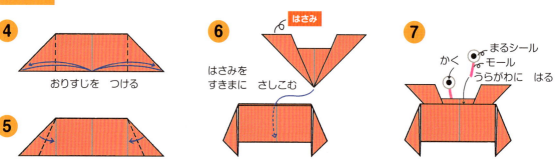

きんぎょ

❼で、うらがわに おる
サイズを かえると、
スマートにも ぽっちゃりにも
なります。

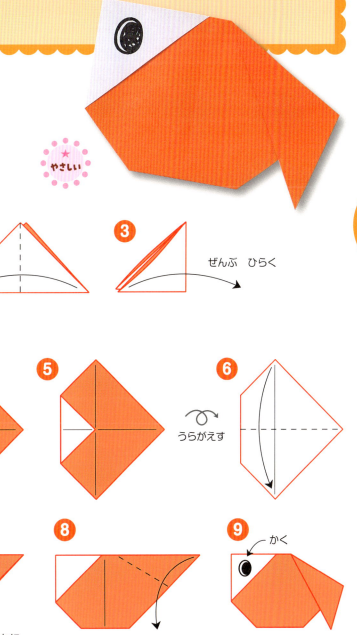

★ やさしい

❶ ❷ ❸ ぜんぶ ひらく

❹ ❺ ❻ うらがえす

❼ 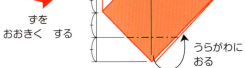 うらがわに おる

❽ ❾ 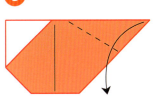 かく

→ すを おおきく する

なつ

ざりがに

きりこみを いれて おるので、
こうさくを するように たのしめます。

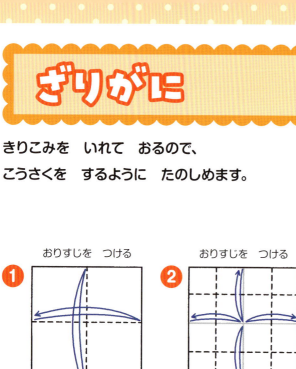

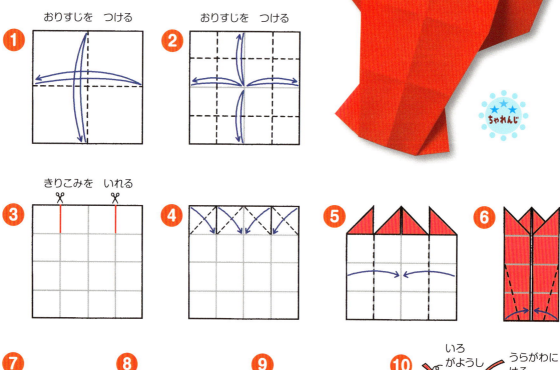

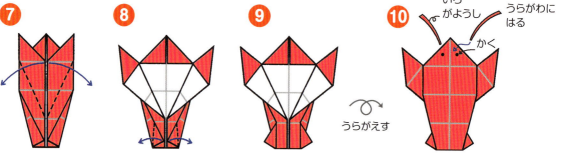

くじら

まるシールで めと くちを つけました。
いろいろな かおの くじらを
つくって みましょう。

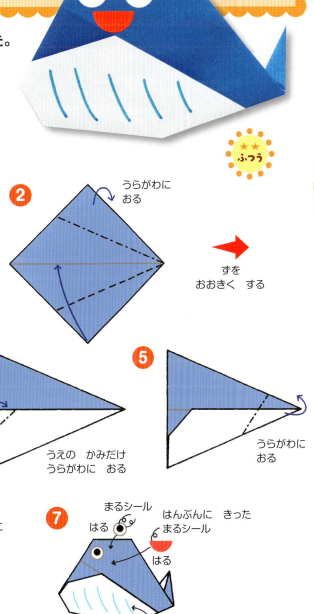

ふつう

① おりすじを つける

② うらがわに おる

→ ずを おおきく する

③ うらがわに おる

④ うえの かみだけ うらがわに おる

⑤ うらがわに おる

むきを かえる

⑥
うらがわに おる

⑦
まるシール はる
はんぶんに きった まるシール はる
かく

43

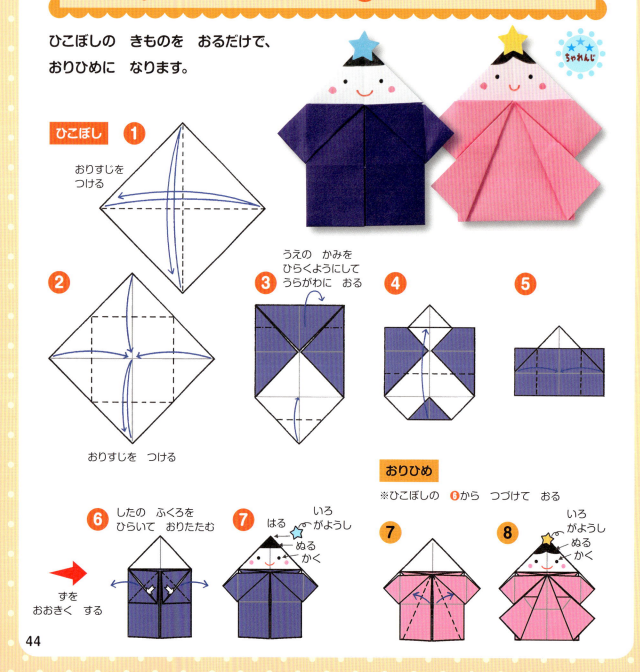

コスモス

おなじ ものを 4まい おり、はりかさねて つくります。
まんなかに きいろの まるシールを はりました。

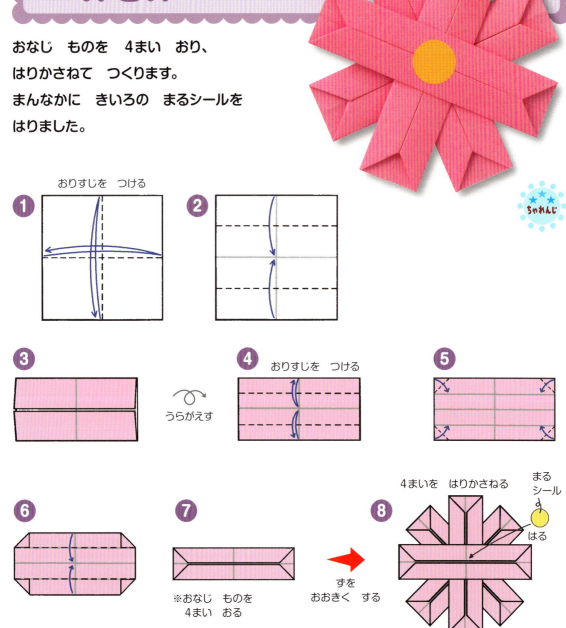

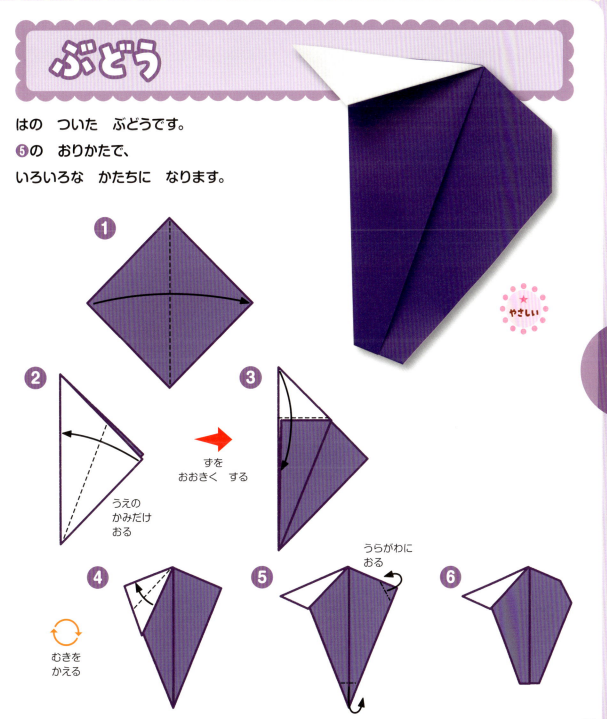

とんぼ

からだと はねを
べつの かみで おり、
のりで はりあわせます。

からだ

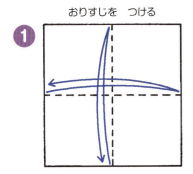

おりすじを つける

①

②

ずを
おおきく する

③

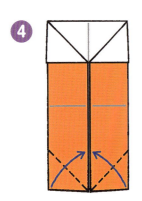

④

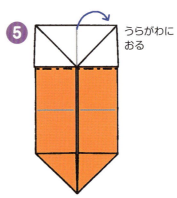

⑤ うらがわに おる

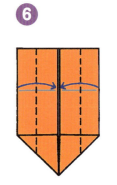

⑥

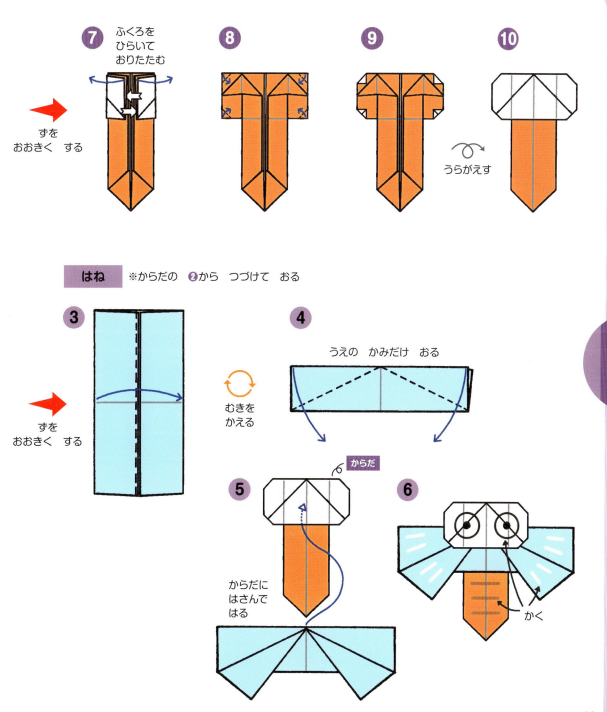

りんご

いろや さわりごこちの ちがう かみで
いろいろな りんごを
つくって みましょう。

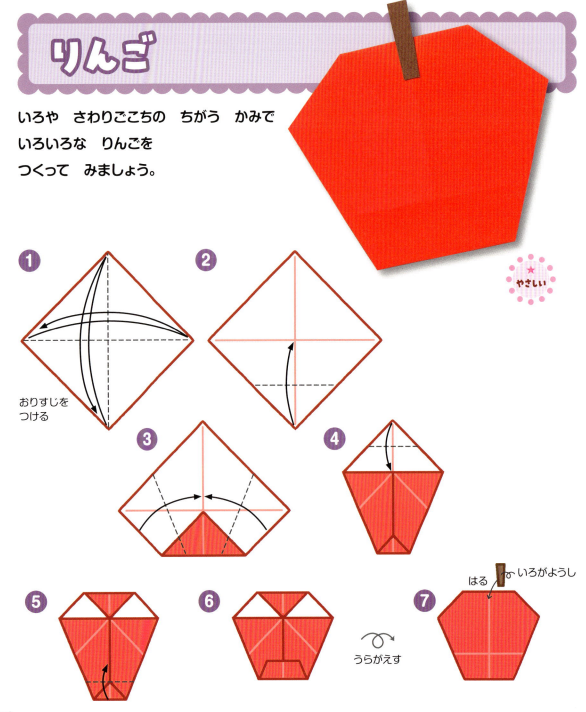

どんぐり

おおきな　どんぐりが　できあがります。
ぼうしに　もようを　かいたり、
みに　かおを　かいたり　しても　たのしいですね。

1

おりすじを　つける

2
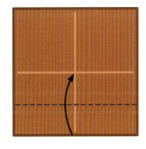

3
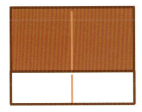

4
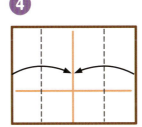
うらがえす

5

おりすじを　つける

6

7

むきを
かえる
うらがえす

8

かき

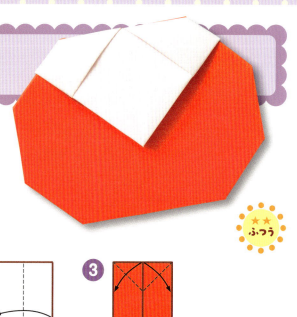

❽で 4つの かどを おるとき、おおきく おると ちいさな かきに、ちいさく おると おおきな かきに なります。

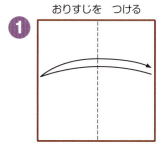
おりすじを つける

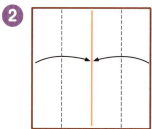

うらがわに おる

うらがわに おる

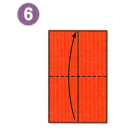

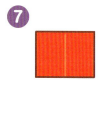

ずを おおきく する
うらがえす

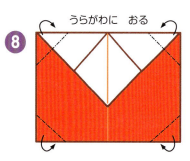
うらがわに おる

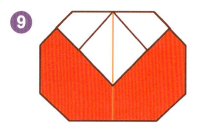

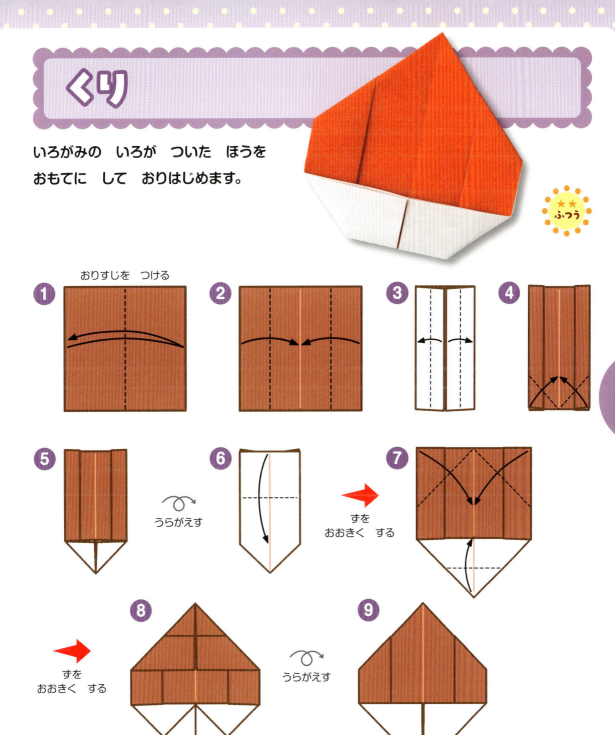

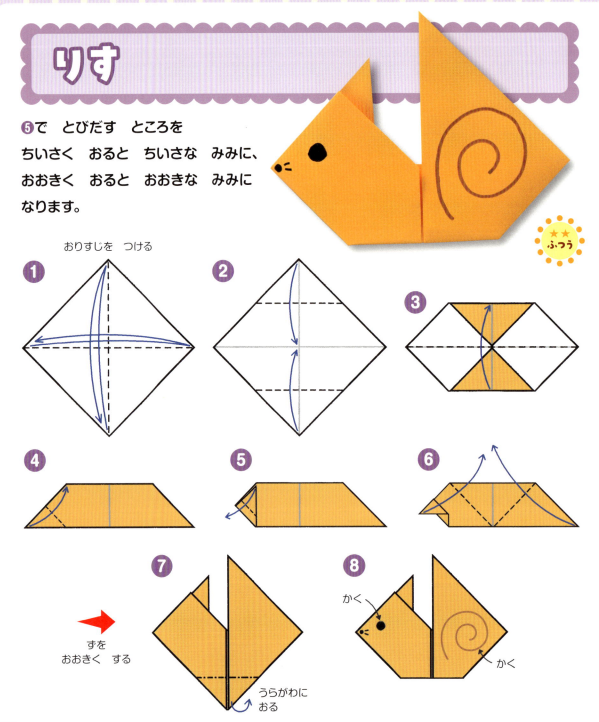

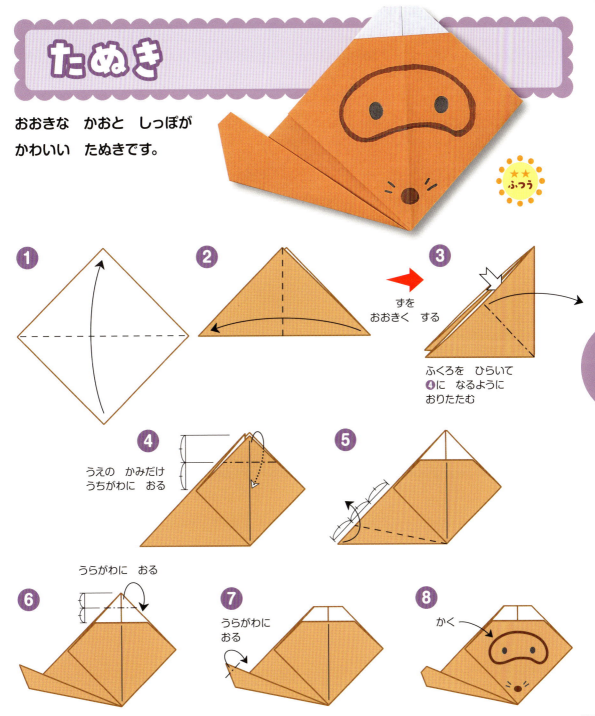

きつね

「ふくろを ひらいて おりたたむ」は、ちょっと むずかしそうですが、おぼえて おくと いろいろな さくひんが おれるように なります。ちゃれんじして みましょう。

①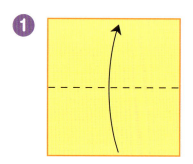

②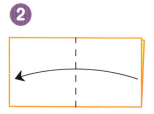

③ ぜんぶ ひらく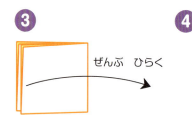

④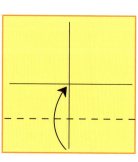

⑤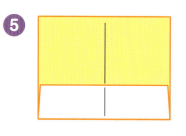

うらがえす

⑥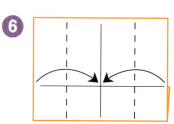

➡ ずを おおきく する

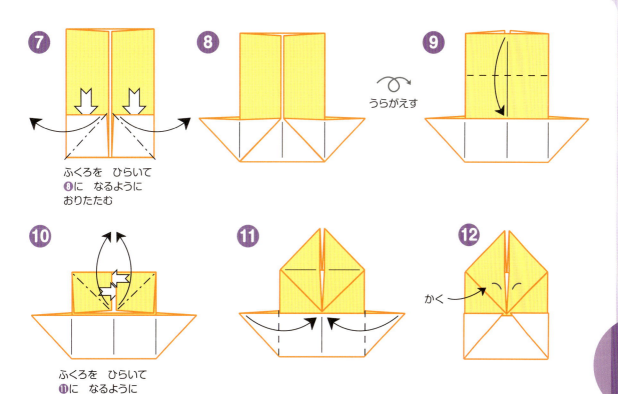

コーナー表示

色画用紙で折って、コーナー表示を作りました。裏の合わせたところをセロハンテープではり留め、水を入れたペットボトルにかぶせて安定させています。

きのこ

❻で かさを ひらいた あとは、まるみを つけるように かどを おりましょう。

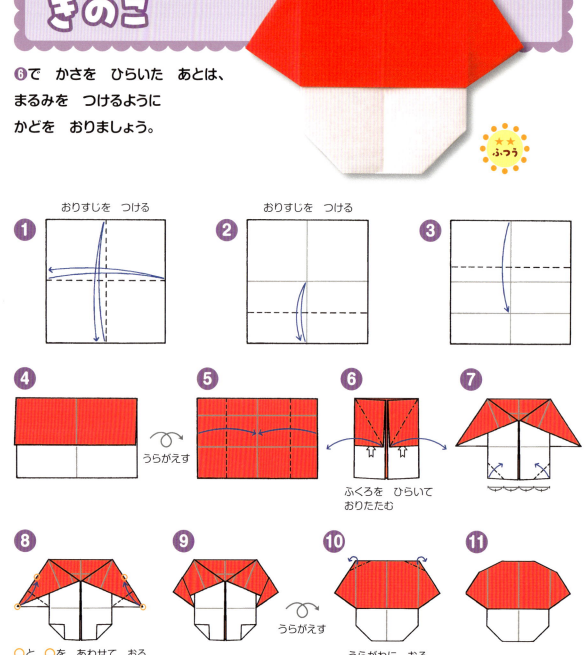

いちょう

おるのが すこし かたく、
はさみで きる ところも あります。
がんばって！

① おりすじを つける
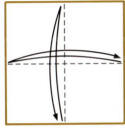

②
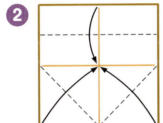

③ うらがわに おる
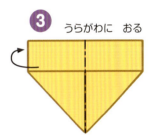

④ おりすじを つける

⑤ おりすじを つける
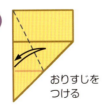

⑥ まくように 2かい おる

⑦

⑧ うえの かみを ひらく

むきを かえる

⑨ きりこみを いれて うらがわに おる
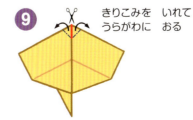

⑩

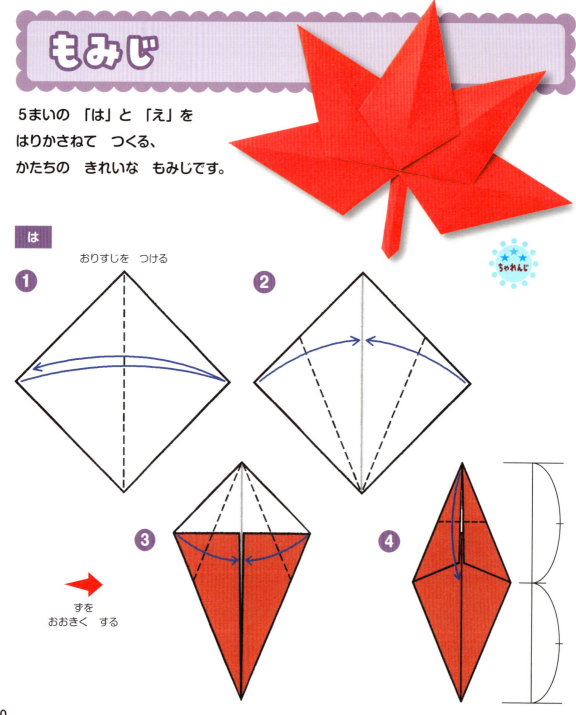

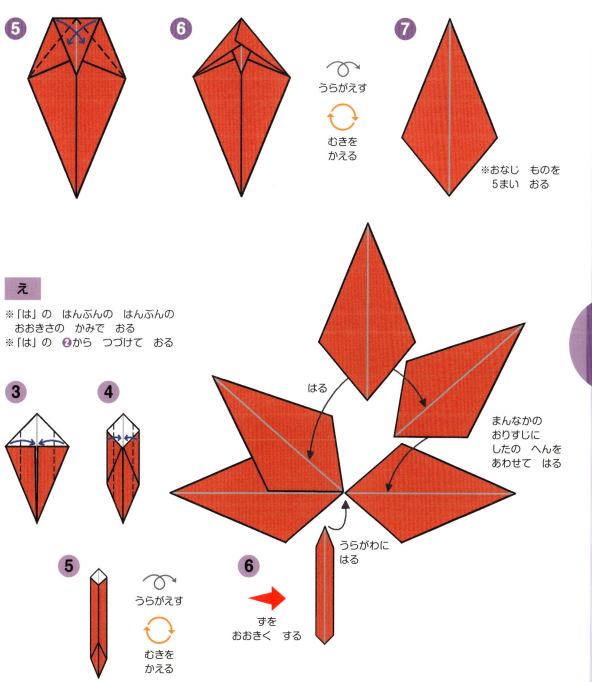

にんじゃ

あたまと からだを
べつの かみで おり、
のりで しっかり はりあわせて
つくります。

あたま

1 おりすじを つける

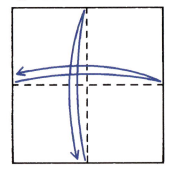

2 おりすじを つける

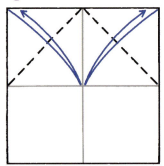

3 まくように 2かい おる

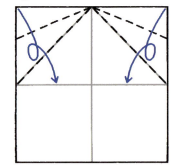

4

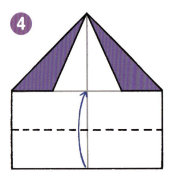

5

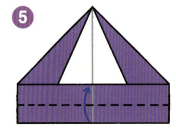

6

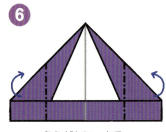

うらがわに おる

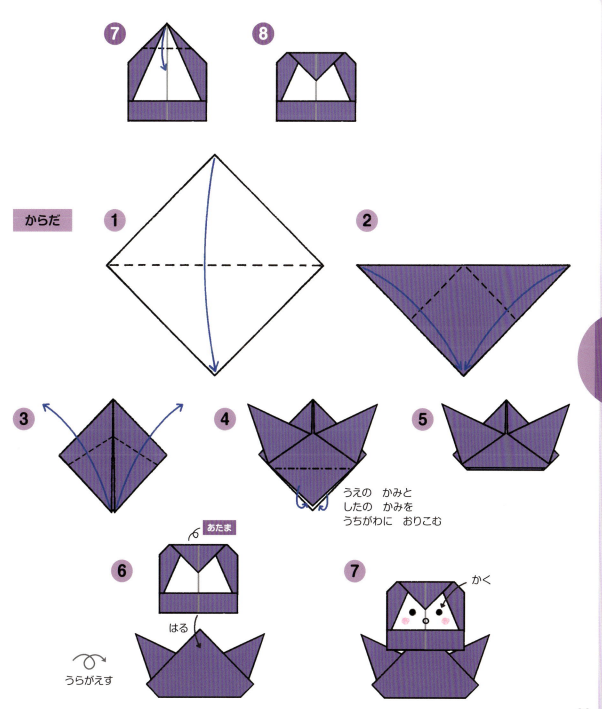

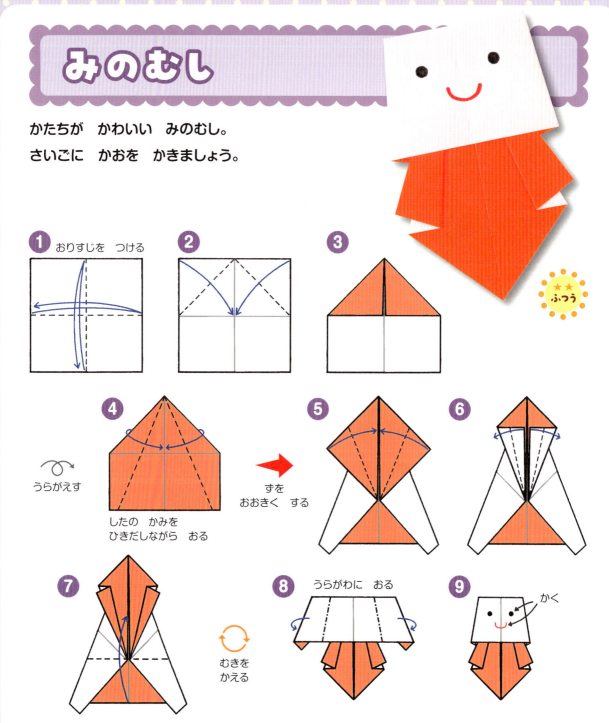

しろくま

おおきな みみが
かわいい しろくま。
かおを かいて できあがりです。

1
おりすじを つける

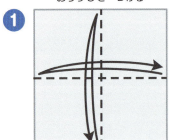

2

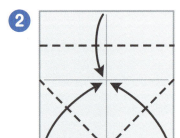

3

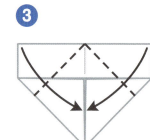

4
おりすじを つける

5

6

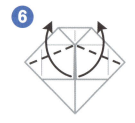

7

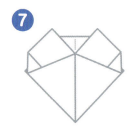

うらがえす

8

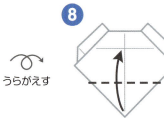

9

かく

ペンギン・1

すぐに できる おりがみ。
いろがようしの くちばしを はって
しあげます。

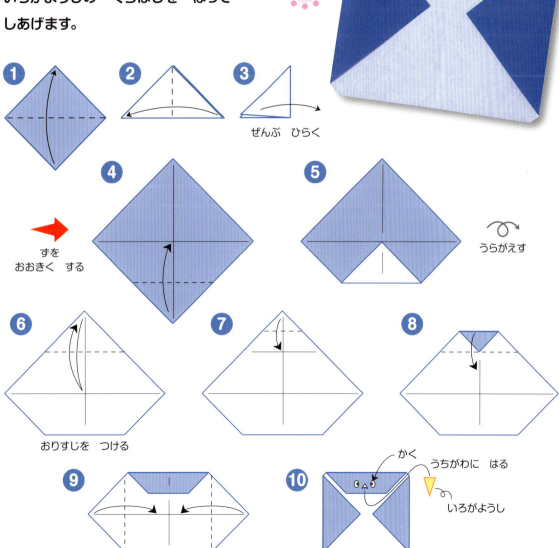

ペンギン・2

よこむきの ペンギンです。
めを かいて くちばしを ぬると
いいですね。

① おりすじを つける
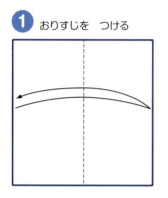

② おりすじを つける
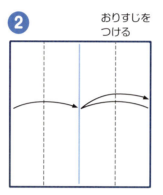

③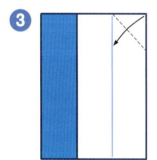

④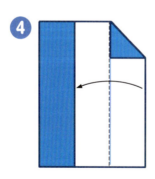

⑤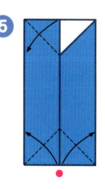

 うらがえす　 むきを かえる

⑥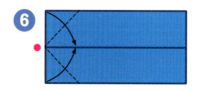

⑦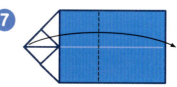
さきを すこし だして おる

ずを
おおきく する

⑧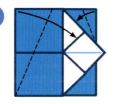

⑨

うらがえす

⑩

⑪

さきを きり、
したを
うらがわに おる

⑫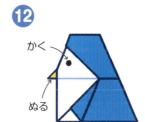
かく
ぬる

みんなでスケートあそび

折ったペンギンに帽子やスケート靴などをプラスして、スケートをしている姿に。みんなのペンギンを並べて、にぎやかに飾りました。

ふゆ

みかん

だんだん みかんらしい かたちに
かわって いくのが たのしい おりがみです。
71ページのように、
おりあがった あと もう 1かい おると、
かわを むいた みかんにも できます。

①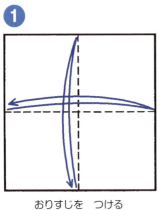
おりすじを つける

②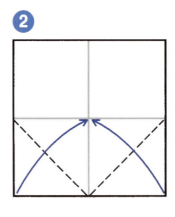

③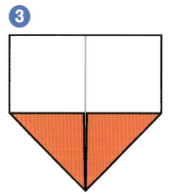

うらがえす

④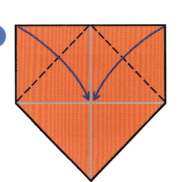

⑤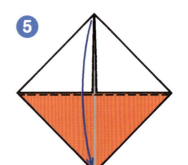

すを
おおきく する

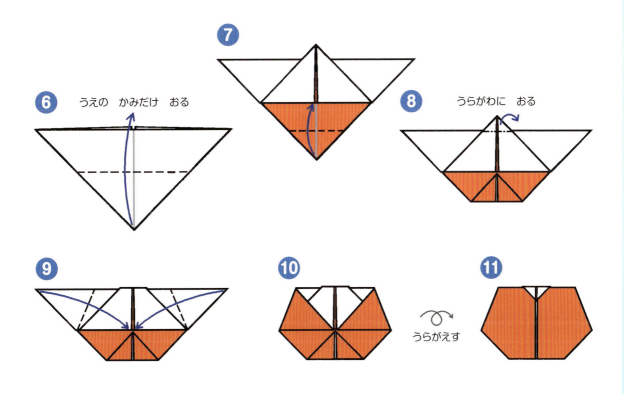

皮をむいたみかんに

へたを持ち上げて、右の図のように上の紙を、皮をむくように開きます。色画用紙で実を作って、中に入れてもいいでしょう。

つばき

さいごに 4つの かどを おり、はなびらの まるい かんじを だしましょう。

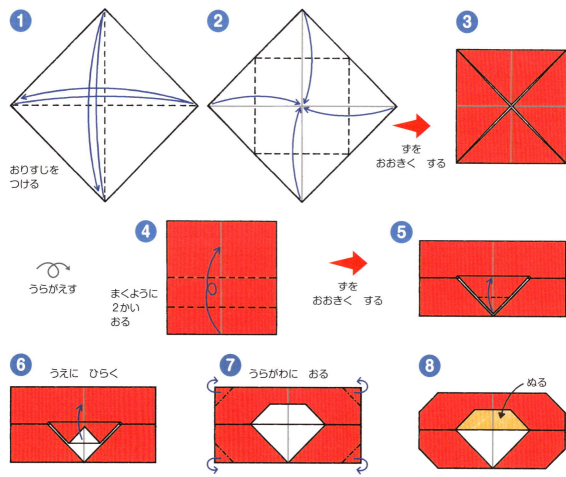

うめ

まるみの ある はなびらが
かわいい うめの おりがみ。

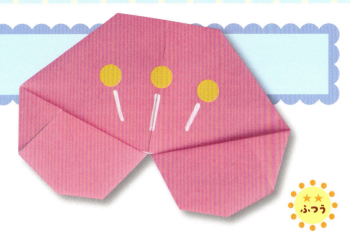

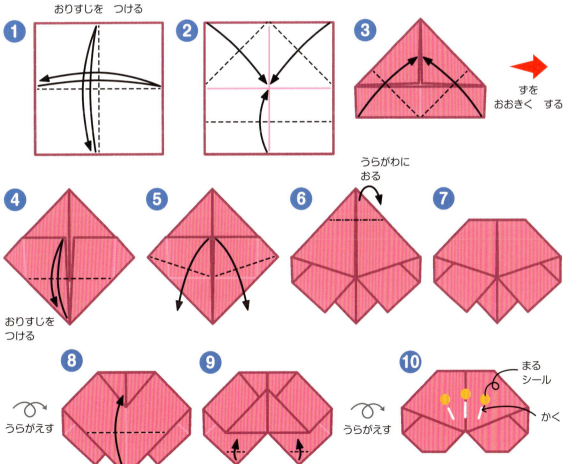

サンタクロース

ふくろを かついだ サンタさん。
いろいろな ひょうじょうに すると
たのしいですね。

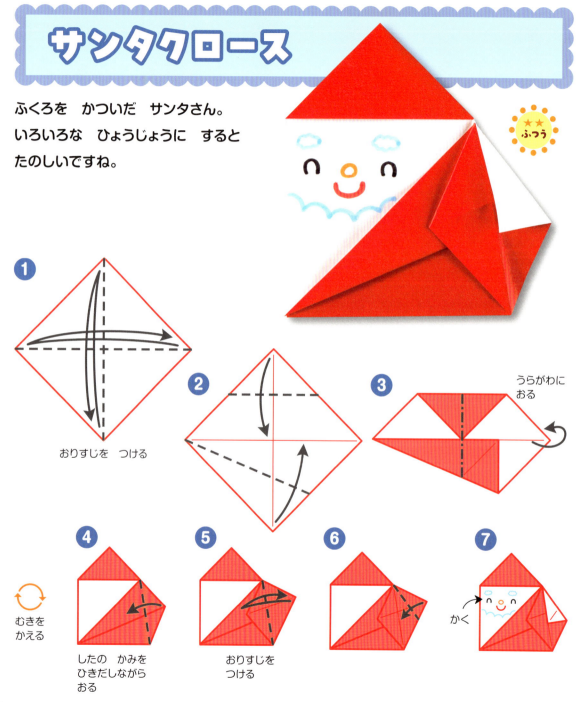

ツリー

おおきめの　かみで　おって、ひとりひとりの　ツリーに。
もっと　おおきい　かみで　おって、クラスの　ツリーに！

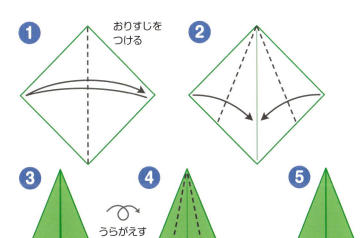

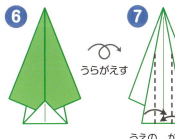

やさしい

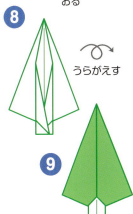

きらきらスタンドツリー

20cm角のきらきら色紙で折りました。折り方❼で裏側に折った部分を開いて紙芯をはって立たせます。

ふゆ

75

となかい

おおきな つのが すてきな となかい。
クリスマスツリーの かざりに ぴったり。

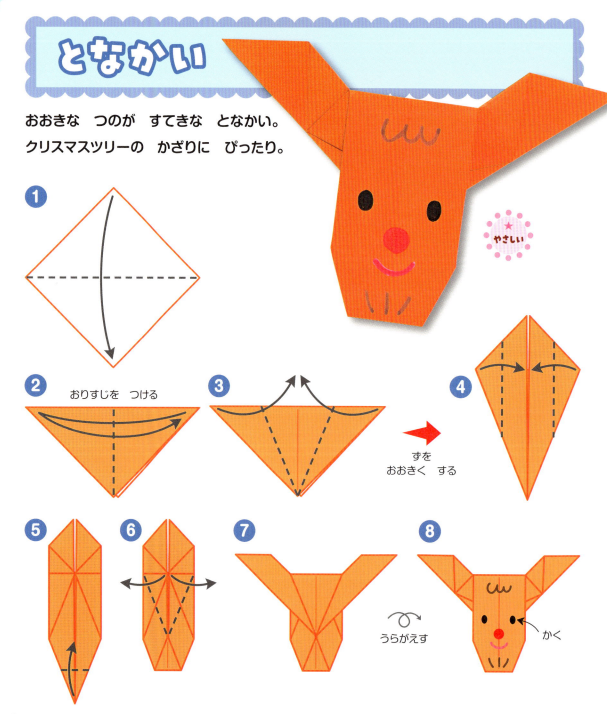

 てぶくろ

❹で はんたいがわを おると、
もう かたほうの てぶくろに なります。

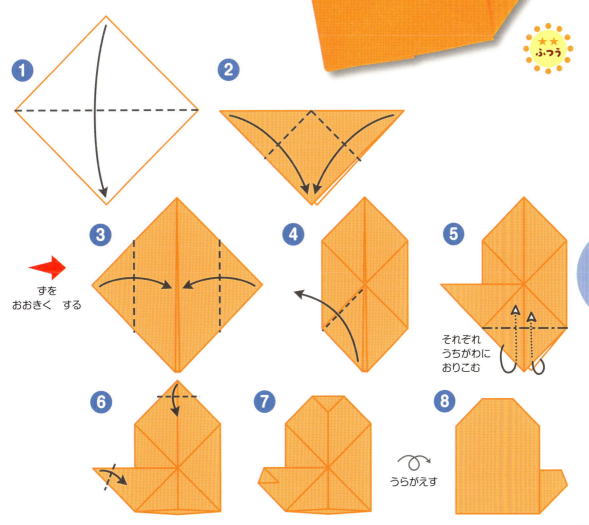

ひつじ

かおと からだを べつべつに おり、
はりあわせて つくります。
からだの おりかた ③から
はんたいに おると、
ひだりむきの ひつじに なります。

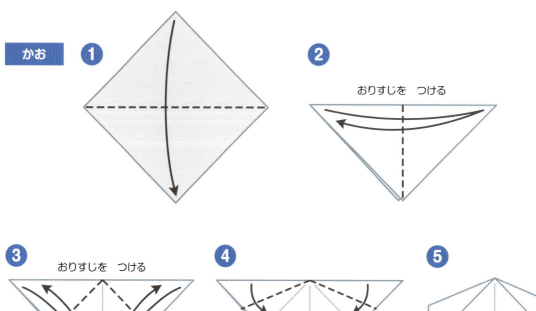

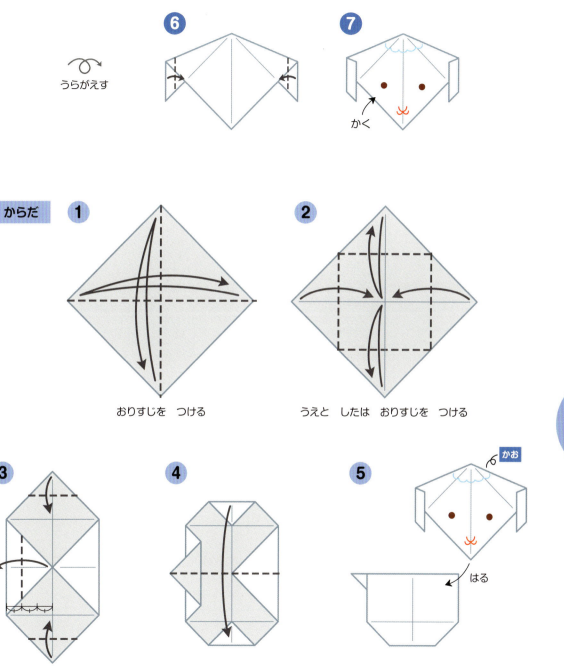

ゆきだるま・1

おる　かいすうが　すくなくて
つくりやすい　ゆきだるまです。

① おりすじを　つける
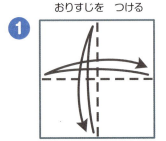

②
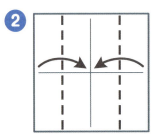

③
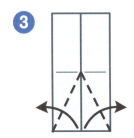

④
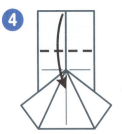

ずを
おおきく　する

⑤ うらがわに　おる
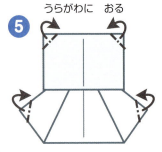

⑥
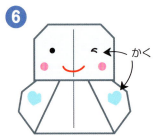
かく

つるし飾り

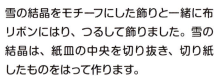
雪の結晶をモチーフにした飾りと一緒に布リボンにはり、つるして飾りました。雪の結晶は、紙皿の中央を切り抜き、切り紙したものをはって作ります。

ゆきだるま・2

いろがみで つくった バケツを
かぶせて みましょう。

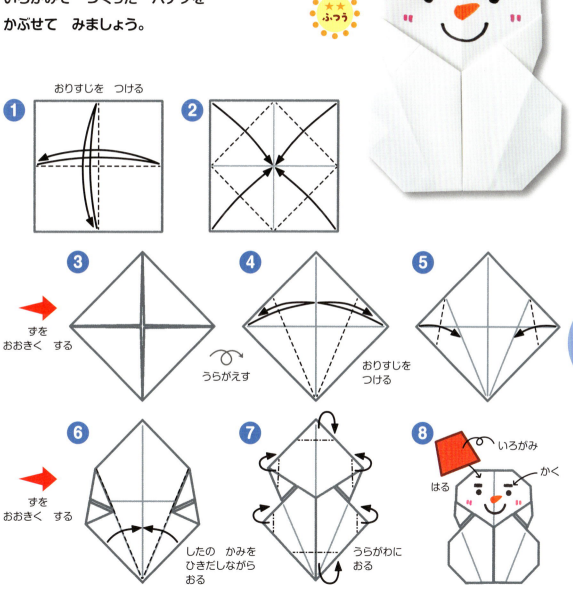

おに

つのが 1ぽんの おに。
すきな いろで おって、
かおも じゆうに かいて
つくりましょう。

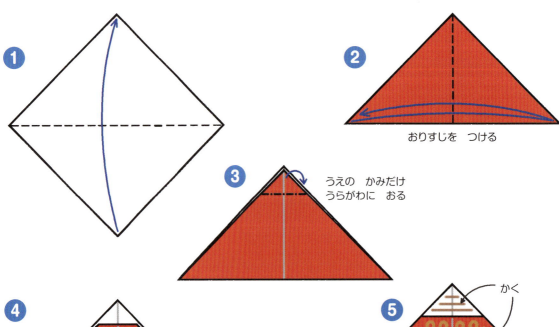

①

② おりすじを つける

③ うえの かみだけ うらがわに おる

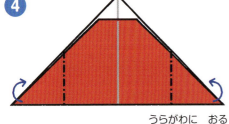

④ うらがわに おる

ずを おおきく する

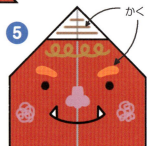
⑤ かく

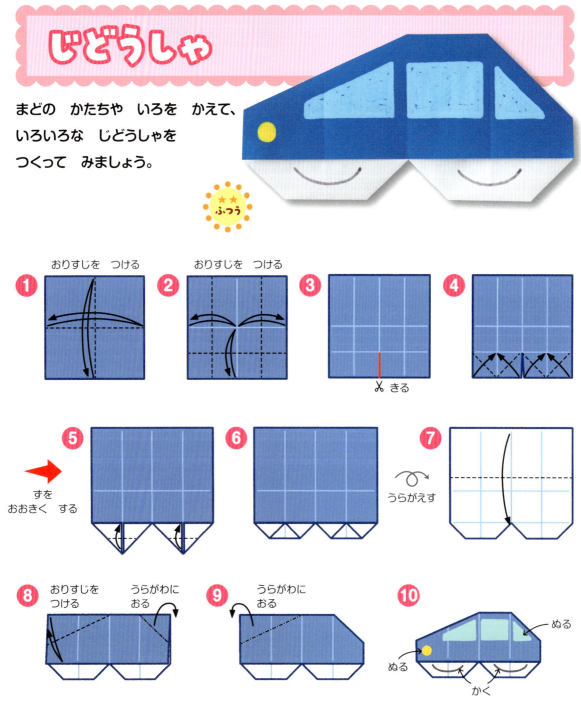

バス

❸の おりかたで、タイヤの おおきさが きまります。

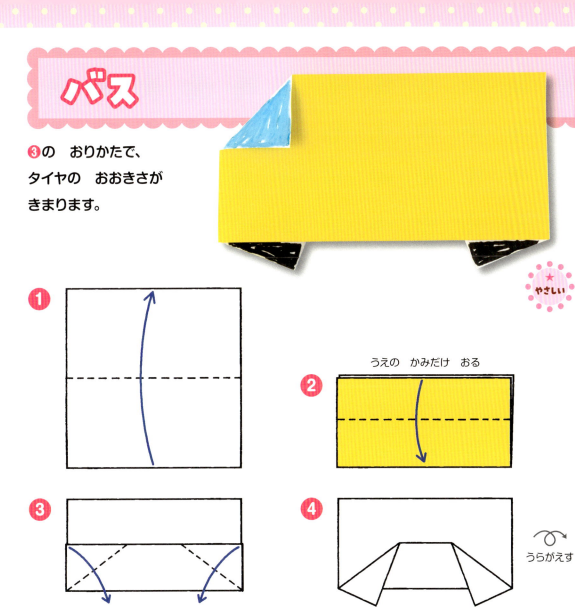

①

② うえの かみだけ おる

③

④ うらがえす

⑤

⑥ ぬる　ぬる

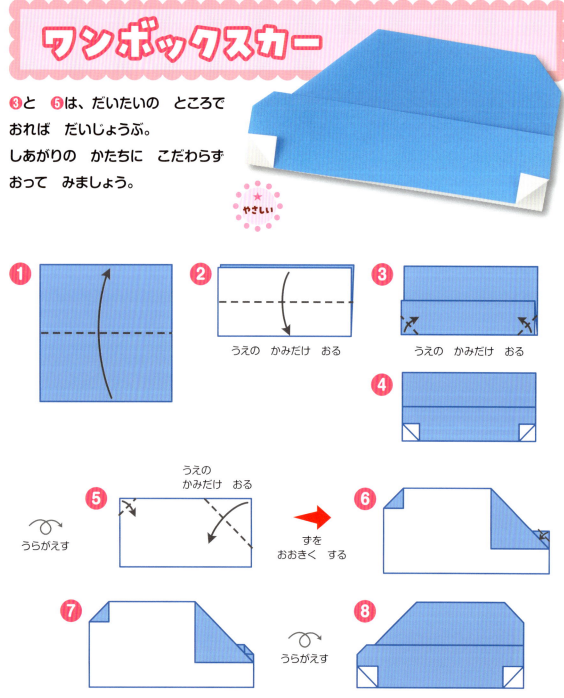

パトロールカー

しょうめんむきにも
よこむきにも　みえる
おもしろい　おりがみです。

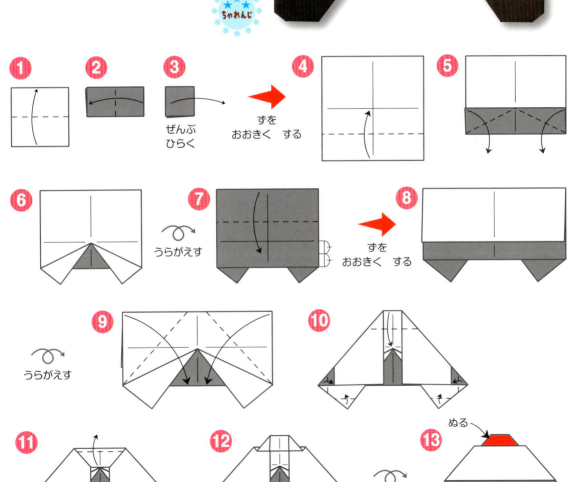

ブルドーザー

ブルドーザーは まえに ついた 「はいどばん」と いう いたで、つちを けずりとったり、たいらに ならしたりします。かみを 2まい つかいます。

ほんたい

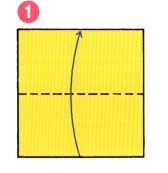
①

ずを おおきく する

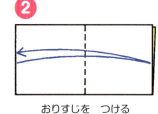
②
おりすじを つける

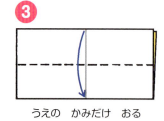
③
うえの かみだけ おる

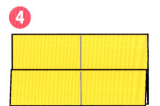
④

うらがえす

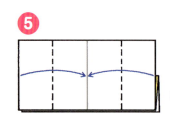
⑤

ずを おおきく する

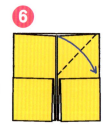
⑥

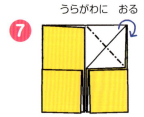
⑦
うらがわに おる

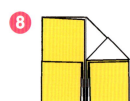
⑧

うらがえす

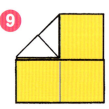
⑨

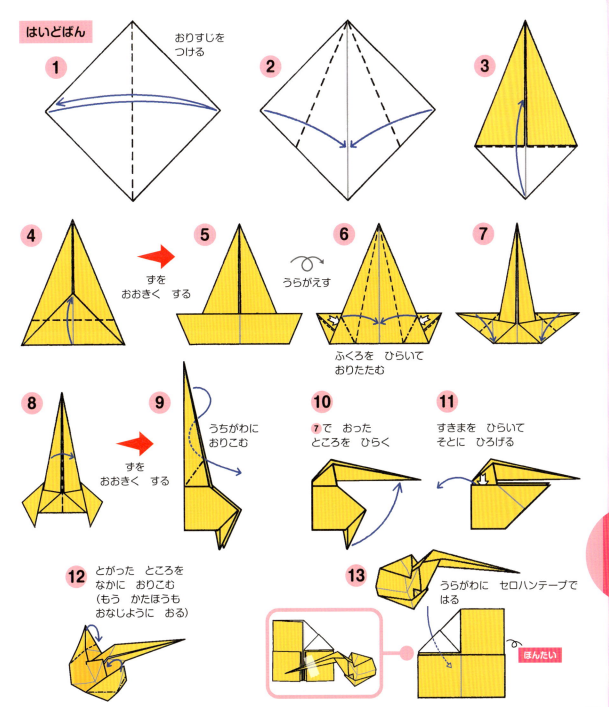

トラック・きゅうきゅうしゃ・コンクリートミキサーしゃ

3しゅるいの はたらく くるま。
❹から はんたいに おると、
ぎゃくむきに なります。

★★ ふつう

トラック

① おりすじを つける

② まくように 2かい おる

③ おりすじを つける

④

⑤

⑥ うらがえす

⑦ ふくろを ひらいて おりたたむ

⑧ ひらく

⑨

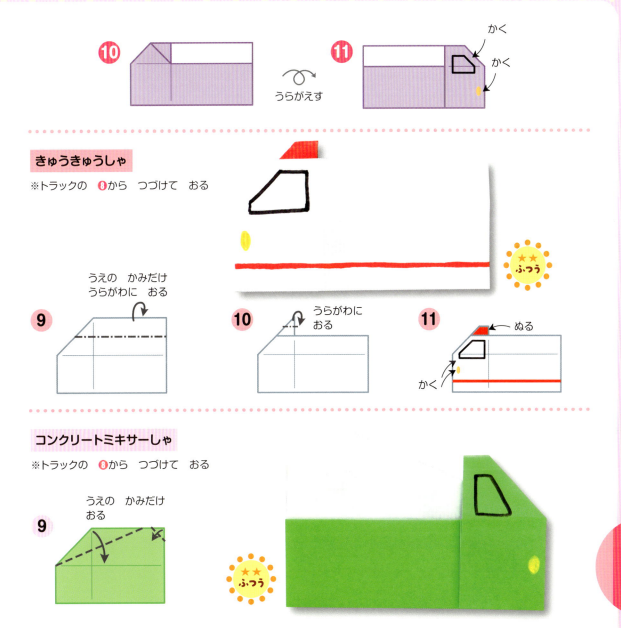

でんしゃ

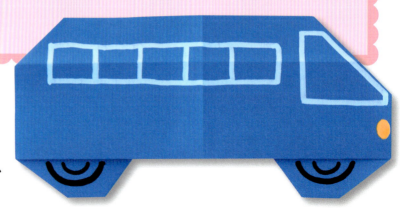

たくさん おって
ながく つなげても
たのしいですね。
❹から はんたいに おると、
ぎゃくむきに なります。

ふつう

① おりすじを つける
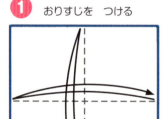

② うえは おりすじを つける
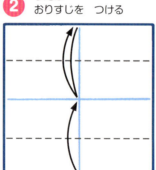

③
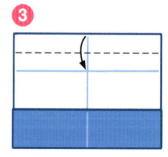

④
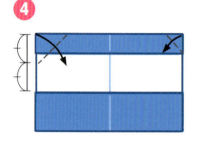

⑤
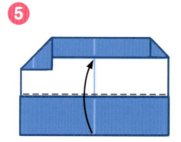

⑥
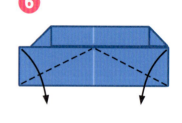

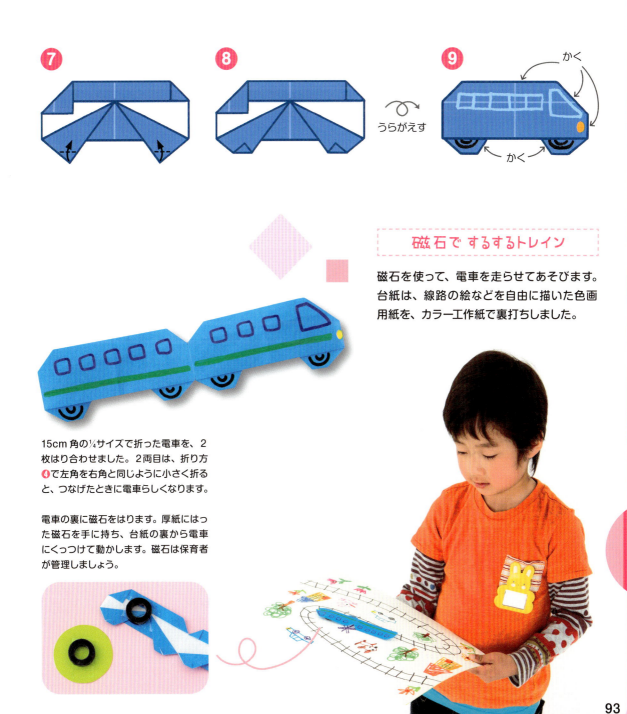

しんかんせん

しゃりょうを たくさん つなげると しんかんせんらしく なります。

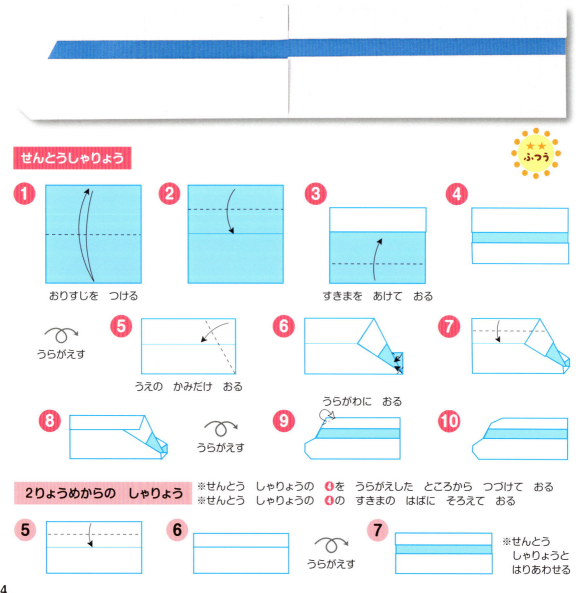

せんとうしゃりょう

① おりすじを つける
②
③ すきまを あけて おる
④
⑤ うえの かみだけ おる　／　うらがえす
⑥
⑦
⑧ 　／　うらがえす
⑨ うらがわに おる
⑩

ふつう ★★

2りょうめからの しゃりょう

※せんとう しゃりょうの ④を うらがえした ところから つづけて おる
※せんとう しゃりょうの ④の すきまの はばに そろえて おる

⑤
⑥ 　／　うらがえす
⑦ ※せんとう しゃりょうと はりあわせる

ロケット

うちゅうに むけて
はっしゃ じゅんび オーケー。

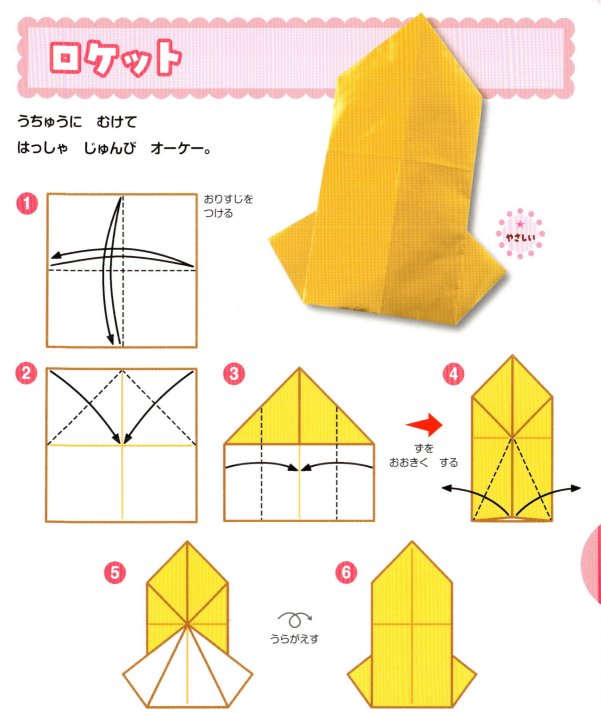

著者

朝日 勇

昭和11年生まれ。「世界のおりがみ展」(日本折紙協会)の出展をはじめ、展示会や個展を数多く開催。また、多くのカルチャーセンター、社会教育施設などでおりがみの講師を務める。国際交流基金から西アフリカ(ガーナなど4か国)に折り紙大使として派遣されるなど海外での普及活動にも多く関わる。折って気持ちよく、美しいおりがみ作品にはファンも多く、「絵づくりしよう 壁面おりがみ12か月」(つちや書店)など著書多数。日本折紙協会会員。

津留見裕子

幼稚園教諭というキャリアを生かし、子どもが折りやすいおりがみ作品、おりがみ指導には定評があり、保育雑誌・書籍ではひっぱりだこの人気執筆者。現在も新しいおりがみ作品を生み出して、おりがみの楽しさを多くの子どもたちに伝えている。「保育のおりがみまるごとBOOK」(ひかりのくに)、「子どもとつくるおりがみ」(ナツメ社)、「おりがみなんでも大百科」(U-CAN)など著書多数。日本折紙協会会員。

Staff

表紙・カバーデザイン・イラスト●長谷川由美
本文デザイン●高橋陽子
折り方イラスト●石川元子　小早川真澄
　　　　　　　ステッチ(小宮万里)　田村由香
　　　　　　　ハセチャコ(古川あさ美)
　　　　　　　宮崎由美子　やまおか ゆか
製作●池田かえる　イシグロフミカ　出石直子
　　　小沼かおる　リボングラス
撮影●戸高康博　冨樫東正　本田織恵　戸高元太郎
協力●クレヨン　スペースクラフトジュニア
編集制作●高橋陽子　リボングラス
　　　　　(若尾さや子　三浦律江子　森川比果里)
校閲●尾野製本所　学研校閲課

おりがみ考案

●朝日 勇

いちご・2／チューリップ／ひよこ／よつばの　クローバー／めだか／ばった／あさがお・1／すいか／せみ／さかな・1／さかな・2／かに／ざりがに／おりひめ・ひこぼし／コスモス／りんご／どんぐり／りす／きのこ／いちょう／もみじ／しろくま／うめ／サンタクロース／ツリー／ひつじ／じどうしゃ／でんしゃ／ロケット

●津留見裕子

ちょう／いちご・1／さくら／てんとうむし／たんぽぽ・1／たんぽぽ・2／おひなさま・1／おひなさま・2／こいのぼり／さくらんぼ／あじさい／かたつむり／あまつぶちゃん／あさがお・2／ひまわり／くわがたむし／らっこ／ヨット／きんぎょ／くじら／ぶどう／とんぼ／かき／くり／たぬき／きつね／にんじゃ／みのむし／ペンギン・1／ペンギン・2／みかん／つばき／となかい／てぶくろ／ゆきだるま・1／ゆきだるま・2／おに／バス／ワンボックスカー／パトロールカー／ブルドーザー／トラック・きゅうきゅうしゃ・コンクリートミキサーしゃ／しんかんせん